जाँनिसार अख़्तर

एक जवान मौत

जाँनिसार अख़्तर

एक जवान मौत

भूमिका एवं संपादन

निदा फ़ाज़ली

वाणी प्रकाशन

वाणी प्रकाशन

'लोगो' वाणी प्रकाशन : मक़बूल फ़िदा हुसेन

वाणी प्रकाशन, 4695, 21-ए, दरियागंज, नयी दिल्ली-110002

वाणी प्रकाशन, अशोक राजपथ (पटना कॉलेज के सामने), पटना (बिहार)

JAANNISAR AKHTAR (Ek Jawan Maut)

Edited by Nida Fazli

Ghazals

ISBN : 81-7055-559-0

संस्करण : 1999

आवृत्ति : 2010

मूल्य : 150/-

वाणी प्रकाशन

फोन : 0091#11#23273167, फोन व फैक्स 23275710

वेबसाइट : www.vaniprakashan.in

ई-मेल : vaniprakashan@gmail.com

आर.टेक ऑफसेट द्वारा दिल्ली-110095 में मुद्रित

अनुक्रम

जाँनिसार अख़्तर—एक जवान मौत

ग्वालियर में जाँनिसार अख़्तर के बारे में इतना कुछ सुन चुका था कि जब मुंबई आया तो गेट वे ऑफ़ इंडिया, जुहु बीच, ताजमहल होटल और समुंदर के पानी से घिरी हुई हाजीअली की दरगाह की तरह बांद्रा के 24 रास्ते पर उन्हें कई बार आते-जाते देखा।

कभी टैक्सी से उतरते हुए बहुत सारे बिखरे-बिखरे काले-सफ़ेद बाल, कभी रात गये दो नींद भरी आँखों के दरमियान एक सुलगती सिगरेट, कभी सामने आते हुए भी न आते हुए से। सिर्फ़ सड़क पर घिसटता हुआ ढीला पाजामा और उस पर टँगी हुई किसी मोटे कपड़े की जवाहर कट। ये थे दूर-दूर के बहुत सारे जाँनिसार अख़्तर। उनके इर्द-गिर्द कई झूठी-सच्ची कहानियाँ बिखरी हुई थीं। उन दिनों मैं अख़्तर साहब के मकान के क़रीब एक हॉस्टल में बिस्तर लगाये हुए था। उर्दू के प्रगतिशील शायरों की शोहरतें उनके कलाम से हमेशा पाँच दस मील आगे होती हैं। अक्सर पाठक इन शोहरतों के फ़ासिलों में इतना थक जाते हैं कि कलाम तक पहुँचने की नौबत ही नहीं आती। अगर कोई सख़्त जान इस तक पहुँच भी जाता है तो मायूस हो कर लौट आता है।

एक बार किसी दोस्त के साथ साहिर लुधियानवी के दरबार में जाने का सौभाग्य प्राप्त हुआ तो दूसरे कई नामी-गिरामी लोगों के साथ, सोफ़े के एक कोने में सिमटे-सिकुड़े अख़्तर साहब भी दिखाई दिये। बहुत सारे अख़्तर साहब एक जगह, एक रूप में नज़र आये तो अजीब-सा लगा। कहीं कुछ खो जाने का एहसास हुआ। अपने आप में खोये हुए ख़ामोश, आँखों का दायरा सिर्फ़ हाथ और मेज़ पर रखे शराब के गिलास की दूरी तक सीमित। इधर-उधर की चहल-पहल से बेख़बर, सुनी-अनसुनी हर बात के जवाब में सिर्फ़ एक मुस्कराहट जो बार-बार फैलते-सिकुड़ते होठों के साथ घटने-बढ़ने की वजह से काफ़ी ढीली और मैली हो गयी थी। मुझसे परिचय हुआ तो मुझे भी वह बिना शब्दों की मुस्कान थमा कर, पहले की तरह अपना जिस्म सोफ़े पर छोड़ कर कहीं और ग़ायब हो गये।

यह वह ज़माना था जब उनके वक़्त का ज़्यादा हिस्सा साहिर के यहाँ गुज़रता

था। अपने घर तो सिर्फ़ वक़्त-बे-वक़्त कपड़े बदलने आते थे। यूँ भी तो रोज़ाना कपड़े बदलने और नहाने के वह शौक़ीन नहीं थे। लेकिन जब कभी इस समाजी मजबूरी को निभाने की नौबत आती तो वे घर आते और मशीन की तरह जल्दी-जल्दी सारे काम निबटा कर रुख़सत हो लेते। कभी इत्तिफ़ाक़ से बीवी-बच्चों में कुछ देर बैठ जाते तो नीचे खड़ी हुई गाड़ी का हॉर्न उन्हें फ़ौरन समय की क़द्रो-क़ीमत से आगाह कर देता और वह अचानक खड़े हो जाते। ये हॉर्न साहिर की गाड़ी का होता था।

'हमने यह माना कि दिल्ली में रहें खाएँगे क्या।'

साहिर को अपनी तन्हाई से बहुत डर लगता था। जाँनिसार इस ख़ौफ़ को कम करने का एक माध्यम थे, जिसके लिए उन्हें हर महीने एक तयशुदा रक़म मिलती थी। अख़्तर साहब ने ओ. पी. नैयर और दूसरे संगीत निर्देशकों के साथ कई कामयाब फ़िल्मों के गीत लिखे। इंदौर की कोई पार्टी हाथ लगी तो फ़िल्म बहू बेगम के निर्माता बन गये। उन दिनों के मशहूर हीरो-हीरोइन को इकट्ठा किया। गीतों के लिए भी उन दिनों का सबसे ज़्यादा बिकनेवाला नाम साहिर लुधियानवी का इस्तेमाल किया। लेकिन इन सारे व्यावसायिक समझौतों के बावजूद फ़िल्म सफल नहीं हुई और इस फ़िल्म के साथ ही जाँनिसार अख़्तर भी फ़िल्म इंडस्ट्री से आउट हो गये। साहिर का नाम बहू बेगम में गीतकार के टायटिल के रूप में अख़्तर साहब की तिजारती मजबूरी थी लेकिन इस मजबूरी को फ़िल्मी दुनिया ने उनकी अयोग्यता समझा और फिर कई वर्षों तक वह फ़िल्मों में गीतकारी के लिए अयोग्य क़रार दे दिये गये। फ़िल्मी दुनिया में ऐसे खेल होते रहते हैं। मजाज़ लखनवी मायूस होकर वापस लौट जाते हैं और हसरत जयपुरी उन्हीं की शायरी को बेच कर गीतकार बन जाते हैं।

अख़्तर साहब तहज़ीबदार आदमी थे। वह घर की बात को बाज़ार में लाने के क़ायल नहीं थे और बाज़ार अपनी तराज़ू ले कर उनके द्वार तक आने के मूड में नहीं था।

फ़िल्म बनी लेकिन चली नहीं। बाहर से काम मिलना बंद हो गया। घर चलाने के लिए उन्हें अब ले दे कर मुज़तर ख़ैराबादी (जाँनिसार के पिता अपने युग के एक उस्ताद शायर) से विरासत में मिला काव्य-अभ्यास था जिसकी साख फ़िल्मवालों की नज़रों में ख़त्म हो चुकी थी। मुंबई में माल नहीं दुकान बिकती है। उन्होंने अपनी दुकान पर दूसरे के नाम का बोर्ड लगाने की भूल की थी। बोर्ड बदला तो तिजारती उसूल के अनुसार दुकान भी बोर्डवाले की हो गयी। साहिर का नाम उन दिनों फ़िल्मों की सफलता की ज़मानत समझा जाता था। दूसरों की मदद करना उनके लिए मुश्किल न था। जाँनिसार अख़्तर सिर्फ़ उनके दोस्त ही नहीं ज़रूरत से ज़्यादा जल्दी शेर लिखनेवाले शायर भी थे। साहिर को एक पंक्ति सोचने में जितना समय लगता था, जाँनिसार उतने समय में पच्चीस पंक्तियाँ जोड़ लेते थे। एक तरफ़ ज़रूरत थी, दूसरी ओर दौलत। जाँनिसार ने शायद अपनी एक ग़ज़ल में इस ओर इशारा किया है :

शायरी तुझको गँवाया है बहुत दिन हमने।

कभी-कभी का मिल बैठना रात-दिन की निकटताओं में बदल जाता है। साहिर घर में हो या बाहर, जाँनिसार हर समय साये की तरह उनके साथ किसी के साथ ज़्यादा दिनों तक इस तरह जुड़े रहने से आदमी के व्यक्तित्व की मौलिकता बुझ कर रह जाती है। जाँनिसार के साथ भी ऐसा ही हुआ। वह अब बोलने के बजाए सुनने के आदी हो चुके थे। साहिर हमेशा की तरह बोलते रहे और जाँनिसार उनकी हर सही ग़लत बात पर गर्दन हिला कर सिर्फ़ 'हाँ साहिर' कहते रहे। दस-बारह साल इन दो शब्दों को बार-बार दोहराने से उनके गले की रगें इतनी प्रभावित हुईं कि वह दूसरे शब्दों की अदायगी ही सिरे से भूल गयीं। साहित्यिक दृष्टि से यह पूरा दौर उनकी ख़ामोशी का दौर है।

यह दोस्ती जो कई बरसों के उतार-चढ़ाव से गुज़र चुकी थी देहली की इम्पीरियल होटल में अचानक टूट गयी।

हुआ यूँ साहिर अपने घरवालों के साथ जब बाहर से शॉपिंग करके लौटे तो उन्हें जाँनिसार हमेशा की तरह इन्तिज़ार करते नहीं मिले। साहिर को अपने बारे में बोलने का शौक़ मरज़ की हद तक था। इसके लिए उन्हें सदा किसी ख़ामोश सुननेवाले की ज़रूरत होती थी। जाँनिसार साहिर की मौजूदगी में सिर्फ़ दो कान खुले छोड़ कर बाक़ी के जिस्म को शराब के गिलास में डाल कर पी जाते थे। यह काम था तो मुश्किल (वह सन् '35-'36 के अलीगढ़ मुस्लिम यूनिवर्सिटी के गोल्डमेडेलिस्ट एम. ए. थे। '47 के देश विभाजन से पहले ग्वालियर के विक्टोरिया कॉलेज में उर्दू के प्रोफ़ेसर थे। ग्वालियर के सांप्रदायिक दंगों से उखड़ के जब बाल-बच्चों के साथ भोपाल में पनाह ली तो वहाँ भी हाथोंहाथ लिये गये और सैफ़िया कॉलेज में उर्दू विभाग के अध्यक्ष नियुक्त हो गये। लेकिन सन् '52 में जब प्रगतिशीलता कांग्रेस सरकार के विरोध का शिकार हुई तो उन्हें भी घर छोड़ कर मुंबई में बेघरी का अज़ाब झेलना पड़ा। मुंबई में फ़िल्मी दुनिया रास नहीं आयी तो मजबूरन वह करते रहे जो करना नहीं चाहते थे।) होटल के कमरे में जाँनिसार को न पा कर साहिर नाराज़ हो गये। तलाश शुरू हुई काफ़ी देर बाद पता लगा और यह जान कर उन्हें हैरत हुई कि बरसों से 'हाँ साहिर' कहनेवाला अब उनकी किसी भूतपूर्व प्रेमिका के यहाँ 'हाँ जाँनिसार' सुनने का आनंद ले रहा है। जाँनिसार को अपना नाम अचानक कैसे याद आ गया। यह दोस्ती के लिए कोई नेक शकुन नहीं था।

पैसेवाला हमेशा उसी को दोस्त मानता है जो अपना नाम भुलाये रखने की शराफ़त निभाता है जाँनिसार का उस रात का अमल इस संधि के विरुद्ध था। होटल में जब इस संबंध में पूछताछ हुई तो आपसे तुम-तुमसे तू होने लगी। दोस्तों को गालियों से नवाज़ना साहिर की हॉबी थी। बात जब 'तू' से बढ़ी तो बरसों पुरानी दोस्ती हाथ में अटैची-केस लिये, कमरे से बाहर निकलकर सड़क पर खड़ी हो गयी। देहली की सर्दी

और अकेली बेघर रात। उस रात जाँनिसार ने न जाने देहली के किस दोस्त की नींद ख़राब की होगी। दोस्ती का यह ड्रामाई अंत जाँनिसार की शायराना और फ़िल्मी ज़िंदगी का ख़ास मोड़ है ! यूँ तो सफ़िया अख़्तर (जाँनिसार की पहली पत्नी) की मौत ने भी उनसे 'ख़ामोश आवाज़' और 'ख़ाके दिल' जैसी ख़ूबसूरत नज़्में लिखवायी थीं। मगर यह ग़म जिसने उन्हें एक लंबी नींद से झिंझोड़ा था बहुत देर तक उनके साथ नहीं चल सका और दूसरी शादी के साथ ही वह फिर से :

'आज की रात तो मंसूब तेरे नाम से है' अख़्तर शीरानियतवाली रोमांटिक भावुकता के बंदी हो गयी। लेकिन इस बार जो उन्हें झटका लगा था वह उम्र की उस मंज़िल में लगा था जबकि सदमा गहरा हो कर हमेशा के लिए दाग़ छोड़ जाता है।

सुब्ह के दर्द को रातों की जलन को भूलें
किसके घर जाएँ कि उस वादा शिकन को भूलें।

इसने उन्हें उनकी पारंपरिक रूमानी गुनूदगी के घेरे से बाहर निकालकर हमेशा के लिए यथार्थ की खुरदुरी धरती पर ला कर खड़ा कर दिया। यहीं से उनकी शायरी और व्यक्तित्व का नये ढंग से परिचय होता है। वह नयी ताज़गी के साथ शेरगोई की तरफ़ माइल हुए और देहांत तक (जो नौ-दस साल की छोटी-सी मुद्दत है) इतना लिखा जो अदबी वज़न और गहराई में उनकी पहले की शायरी से ज़्यादा अलग है। 'पिछला पहर' (ग़ज़लों का संकलन) 'घर आँगन' (रुबाइयों का संकलन) और 'ख़ाके दिल' (अंतिम संकलन) की नज़्में और ग़ज़लें इसी दौर की मिसालें हैं।

जाँनिसार ने जब यथार्थ की खुरदुरी ज़मीन पर आँख खोली तो हर चीज़ अपनी उस जगह से आगे-पीछे हो गयी थी जहाँ वह उन्हें पहले छोड़ गये थे। सारा माहौल बदल चुका था। अब इधर-उधर नज़र डाली तो सिवाय अपने हाथ-पैरों के कोई दूसरा शनासा नहीं दिखाई दिया। इन हाथ-पैरों से काम लेना चाहा तो पता चला कि उन पर तो उम्र का साहूकार कभी का पहरा लगा चुका है। बदली हुई दुनिया की नयी तरतीब व संयोजन को पहचानने के लिए उनके पास अनुभवी दिमाग़ ज़रूर था मगर बिना हाथ-पाँव के दिमाग़ क्या करता।

जाँनिसार नर्म लबो-लहजे के पुख़्ता शायर थे। भाषा के संगीत और जज़्बा व एहसास की थरथराहटों के जानकार। भागदौड़ से थोड़ा-सा काम मिलने लगा।

एक दो रेकार्डिंग से ही लोगों का शक दूर हो गया। कल तक जो अयोग्य थे अब फिर से योग्य समझे जाने लगे। उन्हें बड़ी-बड़ी फिल्में मिलने लगीं। रज़िया सुल्तान, चाणक्य, वतन, त्रिशूल, मजनून वग़ैरह उनकी आख़िरी दिनों की फ़िल्में हैं। इन फ़िल्मों की वजह से घर की हालत तो ज़रूर बदली लेकिन संपन्नता की मंज़िल अब भी बहुत दूर थी, जिसको क़रीब लाने के लिए उन्हें इस उम्र में भी जगह-जगह भटककर छोटे-मोटे मुशायरे पढ़ना पड़ते थे। वह इस संघर्ष से घबराये नहीं। इससे टकराते रहे। कभी शराब

नहीं होती तो शराब न पीने के फ़ायदों पर भाषण दे कर अपनी तसल्ली करते। पैसा आता तो फ़ोन करके नौजवान दोस्तों को जमा कर लेते और अपनी ग़ज़लें सुनाते...और दाद पाते।

फ़िक्रो फ़न की सजी है नयी अंजुमन
हम भी बैठे हैं कुछ नौजवानों के बीच।

फ़िल्मों में उनकी शोहरत और नये अंदाज़ की ग़ज़लों ने उनका दायरा फैला दिया। आलोचना में उनका ज़िक्र होने लगा। सोवियत पुरस्कार उन्हें मिला। महाराष्ट्र अकादमी पुरस्कार से सम्मानित हुए। इन तमाम बातों ने उनके अंदर खोया हुआ आत्मविश्वास उभार दिया। अब वह सिर्फ़ पहले की तरह दूसरों की सुन कर, खामोशी से एक ही मुस्कराहट से मुस्कराकर नहीं रह जाते थे। अपनी राय का इज़हार भी करते थे। व्यंग की कडुवाहट और एक क़िस्म की झुंझलाहट भी उनकी नर्म मिजाज़ी में घुल-मिल गयी थी।

सरदार की शायरी में काव्यात्मकता की कमी उन्हें महसूस होने लगी थी। क़ैफ़ी आज़मी काग़ज़ पर उन्हें नहीं भाते थे। साहिर लड़के-लड़कियों के शायर बन गये थे। मजरूह की ग़ज़लों की ज़ुबान उन्हें पुस्तकीय लगने लगी थी। अब वह अपने समकालीनों से अधिक नये अदीबों और शायरों के क़रीब नज़र आते थे। उनके समकालीन उनकी बढ़ती हुई शोहरत और बेबाक रायों से नाराज़ होने लगे थे।

जाँनिसार ने अपने ख़त में लिखा है, 'आदमी जिस्म से नहीं दिलोदिमाग़ से बूढ़ा होता है।' वे वास्तव में आख़िरी दिन तक जवान रहे। ऐसा लगता था उन पर नये सिरे से जवानी ने करम फ़रमाया है। वह नौजवानों की तरह रात में देर तक चलनेवाली महफ़िलों और बाहर के मुशायरों में अपने आपको ख़र्च करते रहे।

कहते हैं मौत से पहले आदमी की इंद्रियाँ मौत की खुशबू सूँघ लेती हैं। शायद उनके साथ भी ऐसा ही हुआ। जाँनिसार ने ज़िंदगी को इतना थमथम के जिया था कि वह बाक़ी की आयु को क़तरा-क़तरा पीने के बजाय एक साथ पी कर ख़त्म कर देना चाहते थे।

ग़ज़लें, रुबाइयाँ, मुशायरे, संपादन, बहसें, महफ़िलें, फ़िल्मी गाने—यूँ लगता था वह ज़िंदगी जी नहीं रहे बल्कि ज़िंदगी से अपनी उम्र भर के अभावों का बदला ले रहे हों। ज़िंदगी के साथ इस तरह के रवैये ने उनमें कुछ ऐसी मनोवैज्ञानिक उलझनें भी उभार दी थीं, जो पहले कभी उनका मिजाज़ नहीं थी। वह हर वक़्त किसी न किसी आईने के सामने रहना चाहते थे। उन्हें अपने खो जाने का अहसास हो गया था। इसीलिए हमेशा के लिए गुम होने से पहले वह अपने आपको हर पहलू से जी भर कर देख लेना चाहते थे।

एक रात एक-डेढ़ बजे दिल्ली में जामा मस्जिद के क़रीब जवाहर होटल में मिल

गये। बुरी तरह से पिये हुए थे। उन्हें मॉडल टाउन जाना था जो वहाँ से काफ़ी दूर था। दिल्ली के टैक्सीवालों की शराफ़तों से मैं वाक़िफ़ था। जान बूझ कर मैं उनके साथ हो लिया। टैक्सी मॉडल टाउन पहुँची। लेकिन उनके दोस्त जहाँ वह ठहरे हुए थे, का बंगला लगातार आँखमिचोली खेलता रहा। वह थोड़ी-थोड़ी देर बाद किसी गली से ज़ाहिर होता। मगर जैसे ही टैक्सी उसके क़रीब पहुँचती वह वहाँ से हट कर कहीं और छुप कर खड़ा हो जाता और टैक्सी फिर उसकी तलाश में इधर-उधर भटकती रहती।

अँधेरी सर्द रात में इस आँखमिचोली ने एक-डेढ़ घंटा बरबाद कर दिया तो मेरा माथा ठनका। मैंने ड्राइवर से क़रीब के पुलिस स्टेशन चलने को कहा। वहाँ से पता लिया तो मुश्किल आसान हुई। वहाँ से मुश्किल से दो मिनट में उनके दोस्त के बंगले में पहुँच गये। घर देख कर मुझे हैरत हुई। जिस गली से कई बार गुज़र कर निकले थे, उसी गली में वह घर था। मैंने जब इस संबंध में जाँनिसार साहब से पूछा तो वह बोतल के आख़िरी क़तरे गले में उँडेलते हुए बोले—'भाई पूरी हाफ़ बोतल थी इसे ख़त्म करने के लिए भी तो वक़्त चाहिए था। जिसके यहाँ ठहरा हूँ उनके यहाँ इस वक़्त कैसे पीता। अपनी टैक्सी थी—शान से पी।'

जाँनिसार टैक्सी से उतरकर चले गये लेकिन उस रात जब मैं उन्हें छोड़ कर वापस आया तो मुझे अहसास हुआ कि मैं अचानक अपनी उम्र से दुगुना-चौगुना बूढ़ा हो चुका हूँ। और जाँनिसार मुझसे कई साल छोटे लगे।

जाँनिसार आख़िरी दम तक जवान रहे। बुढ़ापे में जवानी का यह जोश उर्दू इतिहास का एक चमत्कार है जो उनकी याद को शेरो-अदब की महफ़िलों में हमेशा जवान रखेगा।

—**निदा फ़ाज़ली**

ग़ज़लें

1

जल गया अपना नशेमन तो कोई बात नहीं
देखना ये है कि अब आग किधर लगती है

सारी दुनिया में ग़रीबों का लहू बहता है
हर ज़मीं मुझको मेरे खून से तर लगती है

2

हरेक रूह में इक ग़म छुपा लगे है मुझे
ये ज़िन्दगी तो कोई बद दुआ लगे है मुझे

जो आँसुओं में कभी रात भीग जाती है
बहुत क़रीब वो आवाज़े-पा[1] लगे है मुझे

1. आहट

मैं सो भी जाऊँ तो क्या मेरी बन्द आँखों में
तमाम रात कोई झाँकता लगे है मुझे

मैं जब भी उसके ख़यालों में खो सा जाता हूँ
वो ख़ुद भी बात करे तो बुरा लगे है मुझे

दबा के आई है सीने में कौन सी आहें
कुछ आज रंग तेरा साँवला लगे है मुझे

न जाने वक़्त की रफ़्तार क्या दिखाती है
कभी कभी तो बड़ा ख़ौफ़ सा लगे है मुझे

अब एक आध क़दम का हिसाब क्या रखिये
अभी तलक तो वही फ़ासला लगे है मुझे

बिखर गया है कुछ इस तरह आदमी का वजूद
हरेक फ़र्द[2] कोई सानिहा[3] लगे है मुझे

2. व्यक्ति, 3. दुर्घटना

3

आज मुद्दत में वो याद आये हैं
दरोदीवार पे कुछ साये हैं

आबगीनों[1] से न टकरा पाये
कोहसारों से जो टकराये हैं

ज़िन्दगी तेरे हवादिस हम को
कुछ न कुछ राह पे ले आये हैं

इतने मायूस तो हालात नहीं
लोग किस वास्ते घबराये हैं

उनकी जानिब[2] न किसी ने देखा
जो हमें देख के शर्माये हैं

संगरेज़ों[3] से ख़ज़फ़ पारों[4] से
कितने हीरे कभी चुन लाये हैं

1. बुलबुले
2. ओर
3. पत्थर के टुकड़े, 4. मिट्टी के टुकड़े

4

आहट सी कोई आए तो लगता है कि तुम हो
साया कोई लहराए तो लगता है कि तुम हो

जब शाख़ कोई हाथ लगाते ही चमन में
शर्माए लचक जाए तो लगता है कि तुम हो

सन्दल सी महकती हुई पुरकैफ़ हवा का
झोंका कोई टकराए तो लगता है कि तुम हो

ओढ़े हुए तारों की चमकती हुई चादर
नद्दी कोई बलखाए तो लगता है कि तुम हो

5

वो लोग ही हर दौर में महबूब रहे हैं
जो इश्क़ में तालिब नहीं मतलूब[1] रहे हैं — 1. मनोनीत

तूफ़ानों की आवाज़ तो आती नहीं लेकिन
लगता है सफ़ीने से कहीं डूब रहे हैं

उनको न पुकारो ग़मेदौरां[2] के लक़ब[3] से — 2. दुनिया के दुख, 3. उपाधि
जो दर्द किसी नाम से मन्सूब[4] रहे हैं — 4. समर्पित

हम भी तेरी सूरत के परस्तार[5] हैं लेकिन — 5. पुजारी
कुछ और भी चेहरे हमें मरग़ूब रहे हैं

इस एहदे बसीरत[6] में भी नक़्क़ाद[7] हमारे — 6. आधुनिकयुग, 7. आलोचक
हर एक बड़े नाम से मरऊब रहे हैं

6

मौज़े गुल, मौजे सबा, मौजे सहर लगती है
सर से पातक वो समाँ है कि नज़र लगती है

हमने हर गाम[1] पे सजदों के जलाये हैं चराग़
अब तेरी राहगुज़र राहगुज़र[2] लगती है

लम्हे लम्हे में बसी है तेरी यादों की महक
आज की रात तो ख़ुश्बू का सफ़र लगती है

7

हम से भागा न करो दूर ग़ज़ालों[1] की तरह
हमने चाहा है तुम्हें चाहने वालों की तरह

और क्या इस से ज़्यादा कोई नर्मी बरतूँ
दिल के ज़ख़्मों को छुआ है तेरे गालों की तरह

तेरी ज़ुल्फें, तेरी आँखें, तेरे अब्रू[2] तेरे लब
अब भी मश्हूर हैं दुनिया में मिसालों की तरह

हमसे मायूस न हो गार्दिशे दौराँ[3] कि अभी
दिल में कुछ दर्द चमकते हैं उजालों की तरह

मुझसे नज़रें तो मिलाओ कि हज़ारों चेहरे
मेरी आँखों में सुलगते हैं सवालों की तरह

और तो मुझ को मिला क्या मेरी महनत का सिला
चन्द सिक्के हैं मेरे हाथ में छालों की तरह

गुनगुनाते हुए दर आ कभी उन सीनों में
तेरी ख़ातिर जो महकते हैं शिवालों की तरह

1. हिरन के बच्चे
2. भवें
3. समय का चक्र

8

एक तो नैनाँ कजरारे और तिस पर डूबे काजल में
बिजली की बढ़ जाय चमक कुछ और भी गहरे बादल में

आज ज़रा ललचाई नज़र से उसको बस क्या देख लिया
पग पग उसके दिल की धड़कन उतरी आए पायल में

चाँद की पतली नोक पे जैसे कोई बादल टिक जाए
ऐसे उसका गिरता आँचल अटके आड़ी हैकल में

गोरी इस संसार में मुझको ऐसा तेरा रूप लगे
जैसे कोई दीप जला हो घोर अँधेरे जंगल में

प्यार की यूँ हर बूँद जला दी मैंने अपने सीने में
जैसे कोई जलती माचिस डाल दे पीकर बोतल में

9

ज़रा सी बात पे हर रस्म तोड़ आया था
दिले-तबाह ने भी क्या मिज़ाज पाया था

गुज़र गया है कोई लम्ह-ए-शरर[1] की तरह
अभी तो मैं उसे पहचान भी न पाया था

मुआफ़ कर न सकी मेरी ज़िन्दगी मुझ को
वो एक लम्हा कि मैं तुझ से तंग आया था

शगुफ़्ता[2] फूल सिमट कर कली बने जैसे
कुछ इस कमाल से तूने बदन चुराया था

पता नहीं कि मेरे बाद उनपे क्या गुज़री
मैं चंद ख़्वाब ज़माने में छोड़ आया था

1. चिंगारी जैसा क्षण
2. खिला हुआ

10

जब लगे ज़ख़्म तो क़ातिल को दुआ दी जाए
है यही रस्म तो ये रस्म उठा दी जाए

दिल का वो हाल हुआ है ग़मे दौरां के तले
जैसे इक लाश चटानों में दबा दी जाए

हमने इन्सानों के दुख-दर्द का हल ढूँढ लिया
क्या बुरा है जो ये अफ़वाह उड़ा दी जाए

हम को गुज़री हुई सदियाँ तो न पहचानेंगी
आने वाले किसी लम्हे को सदा दी जाए

हम से पूछो कि ग़ज़ल क्या है ग़ज़ल का फ़न[1] क्या
चंद लफ़्ज़ों में कोई आग छुपा दी जाए

कम नहीं नशे में जाड़ों की गुलाबी रातें
और अगर तेरी जवानी भी मिला दी जाए

1. कला

11

हमने काटी हैं तेरी याद में रातें अक्सर
दिल से गुज़री है सितारों की बरातें अक्सर

और तो कौन है जो मुझ को तसल्ली देता
हाथ रख देती हैं दिल पर तेरी बातें अक्सर

हुस्न शाइस्त-ए-तहज़ीबे अलम[1] है शायद
ग़मज़दा[2] लगती हैं क्यों चाँदनी रातें अक्सर

हाल कहना है किसी से तो मुख़ातिब[3] है कोई
कितनी दिलचस्प हुआ करती हैं बातें अक्सर

1. दुखों का आदर करनेवाला
2. दुखी
3. जिससे बात की जाये

12

फ़ुर्सते-कार[1] फ़क़त चार घड़ी है चारो
ये न सोचो कि अभी उम्र पड़ी है यारो

अपने तारीक[2] मकानों से तो बाहर झाँको
ज़िन्दगी शमा लिये दर पे खड़ी है यारो

हमने सदियों इन्हीं ज़र्रों से मुहब्बत की है
चाँद तारों से तो कल आँख लड़ी है यारो

फ़ासला चंद क़दम का है मना लें चल कर
सुब्ह आई है मगर दूर खड़ी है यारो

किस की दहलीज़ पे ले जाके सजाएँ इसको
बीच रस्ते पे कोई लाश पड़ी है यारो

जब भी चाहेंगे ज़माने को बदल डालेंगे
सिर्फ़ कहने के लिये बात बड़ी है यारो

1. काम की फ़ुर्सत
2. अँधेरे

13

अशआर मेरे यूँ तो ज़माने के लिए हैं
कुछ शेर फ़क़त उनको सुनाने के लिये हैं

अब ये भी नहीं ठीक कि हर दर्द मिटा दें
कुछ दर्द कलेजे से लगाने के लिये हैं

सोचो तो बड़ी चीज़ है तहज़ीब-बदन[1] की
वर्ना तो बदन आग बुझाने के लिये है

1. शरीर संस्कृति

14

रही है दाद-तलब[1] उनकी शोख़ियाँ हम से
अदा-शनास[2] बहुत हैं मगर कहाँ हम से

1. प्रशंसा चाहने वाली
2. प्रेमिका की अदाओं के जानकार

सुना दिये थे कभी कुछ ग़लत सलत क़िस्से
वो आज तक हैं उसी तरह बदगुमाँ हम से

हमी को फ़ुरसते नज़्ज़ारगी नहीं वर्ना
इशारे आज भी करती हैं खिड़कियाँ हम से

हरेक रात नशे में तेरे बदन का ख़याल
न जाने टूट गई कै सुराहियाँ हमसे

न लफ़्ज़ है न किनाया[3] न सौत[4] है न सदा
सुकूतेशब[5] की न पूछे कोई ज़बाँ हम से

3. संकेत, 4. ध्वनि
5. रात्रीमौन

15

ज़िन्दगी ये तो नहीं तुझ को सँवारा ही न हो
कुछ न कुछ हमने तेरा क़र्ज़ उतारा ही न हो

कूए-क़ातिल[1] की बड़ी धूम है चल कर देखें
क्या ख़बर कूच-ए-दिलदार से प्यार ही न हो

दिल को छू जाती है यूँ रात की आवाज़ कभी
चौंक उठता हूँ कहीं तूने पुकारा ही न हो

कभी पलकों पे चमकती है जो अश्कों[2] की लकीर
सोचता हूँ तेरे आँचल का किनारा ही न हो

शर्म आती है कि उस शह्र में है हम कि जहाँ
न मिले भीख तो लाखों का गुज़ारा ही न हो

1. क़ातिल की गली
2. आँसू

16

ज़माना आज नहीं डगमगा के चलने का
सँभल भी जा, कि अभी वक़्त है सँभलने का

बहार आए चली जाए फिर चली आए
मगर ये दर्द का मौसम नहीं बदलने का

फिरे हैं रातों को आवारा हम, तो देखा है
गली गली में समाँ चाँद के निकलने का

तमाम नश्श-ए हस्ती[1] तमाम कैफ़े-वुजूद[2]
वो एक लम्हा तेरे जिस्म के पिघलने का

सिवाए गर्दे-मलामत[3] मिला भी क्या हमको
बहुत था शौक़ ज़माने के साथ चलने का

हमें तो इतना पता है कि जब तलक हम हैं
रिवाजे-चाके गरेबाँ[4] नहीं बदलने का

1. जीवन का नशा
2. अस्तित्वानन्द
3. अपमान
4. फटा हुआ गेरेबान

17

तमाम उम्र की नज़्ज़ारगी का हासिल है
वो एक दर्द जो आँखों में ढल गया है मियाँ

जब इन्क़िलाब के क़दमों की गूँज जागी है
बड़े बडों का कलेजा दहल गया है मियाँ

सजे हुए हैं खिलौने सभी दुकानों पर
न जाने किस पे तेरा दिल मचल गया है मियाँ

कोई सुबूत मिलेगा तो क्यों न मानेंगे
सुना तो है कि बुरा वक़्त टल गया है मियाँ

मैं सोचता था वतन जा के पड़ रहूँगा कभी
मगर फ़साद[1] में वो घर भी जल गया है मियाँ

1. दंगे

18

चौंक चौंक उठती है महलों का फ़ज़ा रात गये
कौन देता है ये गलियों में सदा रात गये

ये हक़ाइक़[1] की चटानों से तराशी दुनिया
ओढ़ लेती है तिलिस्मों[2] की रिदा[3] रात गये

चुभ के रह जाती है सीने में बदन की ख़ुश्बू
खोल देता है कोई बन्दे-क़बा[4] रात गये

आओ हम जिस्म की शम्ओं से उजाला कर लें
चाँद निकला भी तो निकलेगा ज़रा रात गये

तू न अब आये तो क्या आज तलक आती है
सीढ़ियों से तेरे क़दमों की सदा रात गये

दिन के हंगामों में क्या कोई कसक हो महसूस
दिल की हर चोट का लगता है पता रात गये

घर में पी लें भी तो क्या आज भी याद आती है
फ़र्शे-मयख़ाना पे वो लगज़िशे-पा[5] रात गये

1. यथार्थ
2. जादू, 3. चादर
4. पोशाक के बन्द
5. लड़खड़ाहट

19

आये क्या क्या याद नज़र जब पड़ती उन दालानों पर
उसका काग़ज़ चिपका देना घर के रौशनदानों पर

शहर के तपते फ़ुट पाथों पर गाँव के मौसम साथ चलें
बूढ़े बरगद हाथ सा रख दें मेरे जलते शानों[1] पर

सस्ते दामों ले तो आते लेकिन दिल था भर आया
जाने किस का नाम खुदा था पीतल के गुलदानों पर

शेर तो उन पर लिक्खे लेकिन, औरों से मन्सूब[2] किये
उनको क्या क्या गुस्सा आया नज़्मों के उन्वानों[3] पर

आज भी जैसे शाने पर तुम हाथ मेरे रख देती हो
चलते चलते रुक जाता हूँ साड़ी की दूकानों पर

1. कन्धे
2. समर्पित
3. शीर्षक

20

वो लोग जो दीवान-ए-आदाबे वफ़ा[1] थे
इस दौर में तू उनकी कहाँ बात करे है

क्या सोच है मैं रात में क्यों जाग रहा हूँ
ये कौन है जो मुझ से सवालात करे है

कुछ जिसकी शिकायत है न कुछ जिसकी ख़ुशी है
ये कौन सा बरताव मेरे साथ करे है

हर लफ़्ज़ को छूते हुए जो काँप न जाए
बर्बाद वो अल्फ़ाज़ की औक़ात करे है

1. मुहब्बत के तरीक़ों को अपनानेवाले

21

जुल्फें, सीना, नाफ़ कमर
एक नदी में कितने भँवर

लाख तरह से नाम तेरा
बैठा लिक्खूँ कागज़ पर

रात के पीछे रात चले
ख़्वाब हुआ हर ख़्वाबे सहर[1]

कितना मुश्किल कितना कठिन
जीने से जीने का हुनर

1. सवेरा का सपना

22

इसी सबब से हैं शायद अज़ाब जितने हैं
झटक के फेंक दो पल्कों पे ख़्वाब जितने हैं

वतन से इश्क़ ग़रीबी से बैर अम्न से प्यार
सभी ने ओढ़ रखे हैं नक़ाब[1] जितने हैं

1. मुखावरण

समझ सके तो समझ ज़िन्दगी की उलझन को
सवाल इतने नहीं हैं जवाब जितने हैं

23

उफ़ुक़[1] अगरचे पिघलता दिखाई पड़ता है — 1. क्षितिज
मुझे तो दूर सवेरा दिखाई पड़ता है

हमारे शहर में बे चेहरा लोग बसते हैं
कभी कभी कोई चेहरा दिखाई पड़ता है

न कोई ख़्वाब न कोई ख़लिश न कोई खुमार
ये आदमी तो अधूरा दिखाई पड़ता है

लचक रही है शुआओं[2] की सीढ़ियाँ पैहम[3] — 2. किरनें, 3. लगातार
फ़लक से कोई उतरता दिखाई पड़ता है

जो अपनी ज़ात से इक अंजुमन[4] कहा जाये — 4: सभा
वो शख़्स तक मुझे तन्हा दिखाई पड़ता है

24

तू इस क़दर मुझे अपने क़रीब लगता है
तुझे अलग से जो सोचूँ अजीब लगता है

ये दोस्ती ये मरासिम[1] ये चाहतें ये ख़ुलूस[2]
कभी कभी मुझे सब कुछ अजीब लगता है

1. रस्में, 2. अपनइयत

हदूदे-ज़ात[3] से बाहर निकल के देख ज़रा
न कोई ग़ैर न कोई रक़ीब[4] लगता है

3. व्यक्तित्व की सीमा
4. दुश्मन

25

हरेक शख़्स परेशानो-दरबदर सा लगे
ये शहर मुझ को तो यारो कोई भँवर सा लगे

किसे पता है कि दुनिया का हश्र क्या होगा
कभी कभी तो मुझे आदमी से डर सा लगे

निशाते-सोहबते-रिन्दाँ[1] बहुत ग़नीमत है
कि लम्हा लम्हा पुर आशोबो-पुर ख़तर[2] सा लगे

1. रसिकों की संगत का आनन्द, 2. भयपूर्ण

वो तुन्द[3] वक़्त की रौ है कि पाँव टिक न सकें
हर आदमी कोई उखड़ा हुआ शजर[4] सा लगे

3. तेज़
4. वृक्ष

26

रूख़ो[1] के चाँद लबों के गुलाब माँगे है 1. चेहरे
बदन की प्यास बदन की शराब माँगे है

मैं कितने लम्हे न जाने कहाँ गँवा आया
तेरी निगाह तो सारा हिसाब माँगे है

मैं किस से पूछने जाऊँ कि आज हर कोई
मेरे सवाल का मुझ से जवाब माँगे है

दिले तबाह का ये हौसला भी क्या कम है
हरेक दर्द से जीने की ताब[2] माँगे है 2. शक्ति

जो इज़्तराब[3] बज़ाहिर सुकून लगता है 3. व्याकुलता
हरेक शेर वही इज़्तराब माँगे है

27

ये ज़िन्दगी मुझे खुलती हुई किताब लगे
वरक़ वरक़ कोई तारीख़े इन्क़लाब[1] लगे — 1. इन्क़लाब का इतिहास

लहू में काश पिघल जाये रौशनी बनकर
ये एक दाग़ जो सीने में आफ़्ताब[2] लगे — 2. सूर्य

मिला हूँ आज मगर इसमें कोई झूठ नहीं
कि तू मुझे कोई देखा हुआ सा ख़्वाब लगे

नशे की चीज़ यहाँ सिर्फ़ शग़ले-बादा[3] नहीं — 3. शराब का शौक़
कभी कभी तो यही ज़िन्दगी शराब लगे

शिकस्ता[4] मेज़ पे रक्खी हुई ये बन्द घड़ी — 4. टूटी हुई
न जाने क्यों मेरी हर बात का जवाब लगे

28

बहुत दिल करके होठों की शगुफ़्ता[1]-ताज़गी दी है
चमन माँगा था पर उसने बमुश्किल इक कली दी है

मेरे ख़लवत[2] कदे के रात दिन यूँ ही नहीं सँवरे
किसी ने धूप बख़्शी है किसी ने चाँदनी दी है

नज़र को सब्ज़ मैदानों ने क्या क्या वुस्अतें[3] बख़्शीं
पिघलते आबशारों[4] ने हमें दरिया-दिली दी है

मुहब्बत नारवा[5] तक़सीम[6] की क़ायल नहीं फिर भी
मेरी आँखों को आँसू तेरे होठों को हँसी दी है

कहाँ मुमकिन था कोई काम हम जैसे दिवानों से
तुम्हीं ने गीत लिखवाए तुम्हीं ने शायरी दी है

1. खिली हुई
2. एकान्त
3. विस्तार
4. झरने
5. अनुचित
6. विभाजन

29

इश्क़ ख़ूनाबा फ़िशानी[1] जो नहीं तो क्या है
दिल की तजवीज़[2] दिवानी जो नहीं तो क्या है

1. ख़ून के आँसू रोना
2. सलाह

क्यों न ऐ दोस्त कलेजे से लगाये रक्खूँ
दाग़े दिल उनकी निशानी जो नहीं तो क्या है

वो भी क्या मौजे-लहू है कि जो थमथम के बहे
गर्म चश्मों की रवानी जो नहीं तो क्या है

कोई मुबहम[3] सा तसव्वुर कोई मद्धम सी ख़लिश[4]
हिज्र की रात सुहानी जो नहीं तो क्या है

3. गुप्त, 4. चुभन

ऐ मेरे हम दमे-देरीना[5] मेरे शेरों में··· !
उम्रे-रफ़्ता[6] की कहानी जो नहीं तो क्या है

5. पुराने मित्र
6. बीती हुई उम्र

30

दीद-ओ-दिल[1] में कोई हुस्न बिखरता ही रहा
लाख पर्दों में छुपा कोई सँवरता ही रहा

रौशनी कम न हुई वक़्त के तूफ़ानों में
दिल के दरिया में कोई चाँद उतरता ही रहा

रास्ते भर कोई आहट थी कि आती ही रही
कोई साया मेरे बाज़ू से गुज़रता ही रहा

मिट गया पर, तेरी बाँहों ने समेटा न मुझे
शहर दर शहर मैं गलियों में बिखरता ही रहा

लम्हा लम्हा रहे आँखों में अँधेरे लेकिन
कोई सूरज मेरे सीने में उभरता ही रहा

1. आँख और दिल

31

इन्क़लाबों[1] की घड़ी है
हर नहीं हाँ से बड़ी है

ज़िन्दगी हाथ पसारे
आज रस्ते पे खड़ी है

कभी ऐसा भी लगा है
ज़िन्दगी बन्द घड़ी है

कितनी लाशों पे अभी तक
एक चादर सी पड़ी है

1. परिवर्तन

32

शेरो फ़न की सजी है नई अंजुमन[1]
हम भी बैठे हैं कुछ नौजवानों के बीच

ज़िन्दगानी की क़द्रें[2] बदलने लगीं
लोग बटने लगे दो ज़मानों के बीच

और क्या है सियासत के बाज़ार में
कुछ खिलौने सजे हैं दुकानों के बीच

1. सभा
2. मूल्य

33

जुनूने शहर नवर्दी[1] ने क्या दिया है मुझे
बस अपनी आँख से सब कुछ दिखा दिया है मुझे

न मुझ से पूछ ज़माने का हश्र[2] क्या होगा
तेरे सवाल ने पागल बना दिया है मुझे

मैं सोचता था कि कुछ दिन में कट ही जाएँगे
तेरे ख़याल ने लेकिन हिला दिया है मुझे

किसी ने हो न हो दुनिया के इस ख़राबे[3] में
ख़ज़ाना जान के शायद छुपा दिया है मुझे

डरा न पाये कभी लाख फ़ासिले मुझ को
कभी बस एक क़दम ने थका दिया है मुझे

मैं ज़िन्दगी में बड़ी दूर तक चला आया
किसी के ग़म ने बड़ा आसरा दिया है मुझे

1. शहर घूमने का उन्माद
2. अंत
3. वीराने

नज़्में

ख़ामोश आवाज़

(एक चाँदनी रात में सफ़िया[1] के मज़ार पर)

1. शायर की लेखिका पत्नी और मजाग़ लखनवी की बहन,

कितने दिन में आये हो साथी
मेरे सोते भाग्य जगाने
मुझ से अलग इस एक बरस में
क्या क्या बीती तुम पे न जाने

चुप हो क्या, क्या सोच रहे हो
आओ सब कुछ आज भुला दो
आओ अपने प्यार से साथी
फिर से मुझे इक बार जिला दो

तुम को मेरा ग़म है साथी
कैसे अब इस ग़म को भुलाऊँ
अपना खोया जीवन बोलो
आज कहाँ से ढूँढ़ के लाऊँ

ये न समझना मैंने तुम से
जान के यूँ मुँह मोड़ लिया है
ये न समझना मैंने तुम से
दिल का नाता तोड़ लिया है

दिल की धड़कन डूब भी जाये
दिल की सदायें थक न सकेंगी

मिट भी जाऊँ फिर भी तुम से
मेरी वफ़ायें थक न सकेंगी

बोलो साथी कुछ तो बोलो
कुछ तो दिल की बात बताओ
आज भी मुझ से दूर रहोगे
आओ मेरे नज़दीक तो आओ

उट्ठो साथी दूर उफ़क़ का
नर्म किनारा काँप उठा है
मेरे दिल की धड़कन बनकर
सुब्ह का तारा काँप उठा है

बोलो तुम को कैसे रोकूँ
दुनिया सौ इल्ज़ाम धरेगी
ऐसे पागल प्यार को साथी
सारी ख़िलक़त[2] नाम धरेगी

2. जनता

अच्छा साथी जाओ सिधारो
अबके इतने दिन न लगाना
प्यासी आँखें राह तकेंगी
साजन जल्दी लौट के आना

महकती हुई रात

ये तेरे प्यार की ख़ुश्बू से महकती हुई रात
अपने सीने में छुपाए तेरे दिल की धड़कन
आज फिर तेरी अदा से मेरे पास आई है

अपनी आँखों में तेरी ज़ुल्फ का काजल डाले
अपनी पल्कों पे सजाये हुए अरमानों के ख़्वाब
अपने आँचल पे तमन्ना के सितारे टाँके

गुनगुनाती हुई यादों की लवें जाग उठीं
कितने गुज़रे हुए लम्हों के चमकते जुगनू
दिल को हाले में लिये जाग रहे हैं कब से

कितने लम्हे कि तेरी प्यार भरी नज़रों ने
किस सलीक़े से सजाई मेरे दिल की महफ़िल
किस क़रीने से सजाया मुझे जीने का शऊर[1]

1. बोध

कितने लम्हे कि ग़मे दिल से उभर कर हमने
इक नई सुब्हे मुहब्बत की लगन अपनाई
सारी दुनिया के लिये सारे ज़माने के लिये

इन्हीं लम्हों के गुल-आवेज़[2] शरारों का तुझे
गूँथ कर आज कोई हार पिन्हादूँ आजा
चूमकर माँग तेरी तुझको सजा दूँ आजा

2. फूलों जैसे

ये तेरे प्यार की ख़ुश्बू से महकती हुई रात

इक जख़्मे तमन्ना और सही

ये ज़ख़्म ही अपना हिस्सा हैं इन ज़ख़्मों से शर्माएँ क्या
क्यों कहते हुए शर्माएँ हम दुनिया ने हमें ठुकराया है
हर साँस में ऐसा लगता है शोला सा कोई लहराया है
ये सुर्ख़ जो रहती हैं आँखें ज़ख़्मों ने लहू छलकाया है
दो घाव हों जैसे चेहरे पर खुद देख लो हम दिखलाएँ क्या
ये ज़ख़्म ही....

झेली है सज़ा खुद्दारी की पर हाथ नहीं फैलाए हैं
औरों के लिये हर दर्द सहा इस पर भी बुरे कहलाए हैं
तीरों का जिन्हें फ़न सिखलाया खुद तीर उन्हीं से खाए हैं
जो ज़ख़्म मिले हैं अपनों से उन ज़ख़्मों को गिनवाएँ क्या
ये ज़ख़्म ही...

माना कि बहारे आएँगी काग़ज़ के अभी गुल बूटे हैं
खुद अपने रहबर[1] साथी भी कुछ अस्ली बाक़ी झूठे हैं
हर मोड़ पे अपने तलवों में कुछ और भी काँटे टूटे हैं
जो है वो हक़ीक़त क्यों न कहें ये ज़हर भी हम पी जाएँ क्या
ये ज़ख़्म ही अपना...

दुनिया से तो कितने शिकवे हैं इक तुम से शिकवा और सही
सौ दर्द बसे हैं इस दिल में, इक दाग़ तुम्हारा और सही
इक ज़ख़्मे मुहब्बत और सही, इक ज़ख़्मे तमन्ना और सही
तुम सच है हमें अपनाओ क्या, हम सच है तुम्हें अपनाएँ क्या
ये ज़ख़्म ही अपना

1. पथ दर्शक

बेज़ारी[1]

1. नाख़ुशी

रात और ये चाँद तारों के निशाँ
तीरगी[2] और टिमटिमाता आसमाँ
उठ रहा है दिल से रह रह के धुवाँ
दोस्त सब कुछ भूल जाने दे मुझे

2. अँधेरा

हो सकी दुनिया न मुझ से मुस्तफ़ीद[3]
आज हर एहसास है कोसों बईद[4]
मुझ से वाबस्ता[5] थी किस किस की उमीद
दोस्त सब कुछ भूल जाने दे मुझे

3. लाभान्वित
4. दूर
5. संबंधित,

दिल तो दिल हस्ती मिटा बैठा हूँ मैं
घर तो घर दुनिया लुटा बैठा हूँ मैं
अब तो उनको भी भुला बैठा हूँ मैं
दोस्त सब कुछ भूल जाने दे मुझे

देख तारों की नज़र पथरा गई
रात की चोटी कमर तक आ गई
रूह पिछली याद से घबरा गई
दोस्त सब कुछ भूल जाने दे मुझे

ये सितारे, ये कफ़न के सर्द फूल
आसमाँ जैसे जली लाशों की धूल
चाँद गोया एक बेउम्मत रसूल[6]
दोस्त सब कुछ भूल जाने दे मुझे

6. नवी-पैगम्बर,

इश्क़ क्या है एक ज़ेहनी इज़्तराब
हुस्न क्या है जागती आँखों का ख़्वाब
इल्म क्या है इक सवाले बे जावाब
दोस्त सब कुछ भूल जाने दे मुझे

सलतनत इक जुल्म मज़हब इक बला
मुफ़लिसी इक जुर्म मेहनत इक सज़ा
आप क्या क़ह्हार[7] से कम हैं ख़ुदा
दोस्त सब कुछ भूल जाने दे मुझे

7. जुल्म ढानेवाला

तजज़िया

मैं तुझे चाहता नहीं लेकिन
फिर भी जब पास तू नहीं होती
ख़ुद को कितना उदास पाता हूँ
गुम से अपने हवास पाता हूँ
जाने क्या धुन समाई रहती है
इक ख़मोशी सी छाई रहती है
दिल से भी गुफ़्तुगू नहीं होती

मैं तुझे चाहता नहीं लेकिन
फिर भी रह रह के मेरे कानों में
गूँजती है तेरी हसीं आवाज़
जैसे नादीदा[1] कोई बजता साज़ — 1 अनदेखा
हर सदा नागवार होती है
दिल की धड़कन भी बार होती है
इन सुकूत-आशना[2] तरानों में — 2. मौन प्रिय

मैं तुझे चाहता नहीं लेकिन
फिर भी शब की तवील[3] ख़लवत में — 3. लंबी
तेरे औक़ात[4] सोचता हूँ मैं — 4. क्षण
तेरी हर बात सोचता हूँ मैं
कौन से फूल तुझको भाते हैं
रंग क्या क्या पसन्द आते हैं
खो सा जाता हूँ तेरी जन्नत में

मैं तुझे चाहता नहीं लेकिन
फिर भी एहसास से नजात[5] नहीं
सोचता हूँ तो रंज होता है
दिल को जैसे कोई डूबोता है
जिस को इतना सराहता हूँ मैं
जिस को इस दर्जा चाहता हूँ मैं
उस में तेरी सी कोई बा़त नहीं
मैं तुझे चाहता नहीं लेकिन

5. मुक्ति

ख़ाके-दिल

(सफ़िया के देहान्त पर लखनऊ जाते हुए)

लखनऊ मेरे वतन मेरे चमन ज़ारे वतन
तेरे गहवार-ए-आग़ोश[1] में ऐ जाने बहार
अपनी दुनिया-ए-हसीं दफ़्न किये जाता हूँ
तू ने जिस दिल को धड़कने की अदा बख़्शी थी
आज वो दिल भी यहीं दफ़्न किये जाता हूँ

दफ़्न है देख मेरा अहदे बहाराँ तुझ में
दफ़्न है देख मेरी रूहे गुलिस्ताँ तुझ में
मेरी गुलपोश जवाँ साल उमंगों का सुहाग
मेरी शादाब तमन्ना के महकते हुए ख़्वाब

ये मेरे प्यार का मदफ़न ही नहीं है तन्हा
दफ़्न हैं इस में मुहब्बत के ख़ज़ाने कितने
एक उन्वान में मुज़मिर[2] हैं फ़साने कितने
इक बहन अपनी रिफ़ाक़त[3] की क़सम खाये हुए
एक माँ मर के भी सीने में लिये माँ का गुदाज़
अपने बच्चों के लड़कपन को कलेजे से लगाए
अपने खिलते हुए मासूम शगूफ़ों के लिये
बन्द आँखों में बहारों के जवाँ ख़्वाब बसाए

मैं और इन आँखों से देखूँ तुझे पेवन्दे-ज़मीं[4]
इस क़दर ज़ुल्म नहीं हाय नहीं हाय नहीं

1. गोद
2. शामिल
3. प्रेम
4. धरती में

कोई ऐ काश बुझा दे मेरी आँखों के दिये
छीन ले मुझ से कोई काश निगाहें मेरी
ऐ मेरी शम्ए-वफ़ा, ऐ मेरी मंज़िल के चराग़

आज तारीक हुई जाती हैं राहें मेरी
तुझ को रोऊँ भी तो क्या रोऊँ कि इन आँखों में
अश्क पत्थर की तरह जम से गये हैं मेरे
ज़िन्दगी अर्सा-गहे-जेहदे मुसलसल[5] ही सही
एक लम्हे को क़दम थम से गये हैं मेरे

5. संघर्ष का मैदान

ज़िन्दगी देख मुझे हुक्मे सफ़र देती है
एक दिल शोला-बजाँ साथ लिये जाता हूँ
हर क़दम तूने कभी अज़्मे-जवाँ[6] बख़्शा था
मैं वही अज़्मे जवाँ साथ लिये जाता हूँ

6. नयी शक्ति

चूम कर आज तेरी ख़ाके लह[7] के ज़र्रे
अनगिनत फूल मुहब्बत के चढ़ाता जाऊँ
जाने इस सम्त[8] कभी मेरा गुज़र हो कि न हो
आख़िरी बार गले तुझ को लगाता जाऊँ

7. मज़ार
8. ओर

लखनऊ मेरे वतन मेरे चमन ज़ार वतन
देख इस ख़ाक को आँखों में बसाकर रखना
इस अमानत को कलेजे से लगा कर रखना

आख़िरी मुलाक़ात

मत रोको इन्हें पास आने दो
ये मुझ से मिलने आये हैं
मैं ख़ुद न जिन्हें पहचान सकूँ
कुछ इतने धुँधले साये हैं

दो पॉव बने हरियाली पर
इक तितली बैठी डाली पर
कुछ जगमग जुगनू जंगल से
कुछ झूमते हाथी बादल से
ये एक कहानी नींद भरी
इक तख़्त पे बैठी एक परी
कुछ गुन गुन करते पर्वाने
दो नन्हे नन्हे दस्ताने
कुछ उड़ते रंगीं गुब्बारे
'बिब्बों' के दुपट्टे के तारे
ये चेहरा बन्नो बूढ़ी का
ये टुकड़ा माँ की चूड़ी का

मत रोको इन्हें पास आने दो
ये मुझसे मिलने आये हैं...

अलसाई हुई रूत सावन की

कुछ सोंधी खुश्बू आँगन की
इक टूटी रस्सी झूले की
इक चोट कसकती कूल्हे की
सुलगी सी अंगीठी जाड़ों में
इक चेहरा कितनी आड़ों में
कुछ चाँदनी रातें गर्मी की
इक लब पर बातें नर्मी की
कुछ रूप हँसी काशानों[1] का
कुछ रंग हरे मैदानों का
कुछ हार महकती कलियों के
कुछ नाम वतन की गलियों के

मत रोको इन्हें पास आने दो
ये मुझसे मिलने आये हैं...

कुछ चाँद चमकते गालों के
कुछ भँवरे काले बालों के
कुछ नाजुक शिकनें आँचल की
कुछ नर्म लकीरें काज़ल की
इक खोई कड़ी अफ़सानों की
दो आँखें रौशनदानों की
इक सुर्ख़ दुलाई गोट लगी
क्या जाने कब की चोट लगी
इक छल्ला पीली रंगत का
इक लॉकिट दिल की सूरत का
रूमाल कई रेशम से कढ़े
वो ख़त जो कभी मैंने न पढ़े
मत रोको इन्हें पास आने दो

1. सुन्दर घर

आख़िरी लम्हा

(इसी शीर्षक की लंबी कविता से जो शायर ने अपनी बेटी पर लिखी है)

जीने की हर तरह से तमन्ना हसीन है
हर शर के बावजूद ये दुनिया हसीन है

दरिया की तुन्द बाढ़ भयानक सही मगर
तूफ़ाँ से खेलता हुआ तिनका हसीन है

सहरा का हर सुकूत[1] डराता रहे तो क्या
जंगल को काटता हुआ रस्ता हसीन है

दिल को हिलाए लाख घटाओं की घन गरज
मिट्टी पे जो गिरा है वो क़तरा हसीन है

दहशत दिला रही हैं चटानें तो क्या दुआ
पत्थर में जो सनम है वो कितना हसीन है

रातों की तीरगी है जो पुरहौल ग़म नहीं
सुब्हों का झाँकता हुआ चेहरा हसीन है

हों लाख कोहसार[2] भी हाइल हुए तो क्या
पल पल चमक रहा है जो तेशा हसीन है

लाखों सऊबतों[3] का अगर सामना भी हो
हर जेहद[4] हर अमल का तक़ाज़ा हसीन है

1. ख़ामोशी
2. पर्वत
3. मुसीबतें
4. संघर्ष

घर आँगन
(रुबाइयाँ)

1

वो आयेंगे चादर तो बिछा दूँ कोरी
पर्दों की ज़रा और भी कस दूँ डोरी

अपने को सँवारने की सुधबुध भूले
घर बार सजाने में लगी है गोरी

2

आहट मेरे क़दमों की जो सुन पाई है
इक बिजली सी तनबदन में लहराई है

दौड़ी है हरेक बात की सुध बिसराके
रोटी जलती तवे पर छोड़ आई है

3

दुनिया की उन्हें लाज न ग़ैरत है सखी
उनका है मज़ाक़ मेरी आफ़त है सखी

छेड़ेंगे मुझे जान के सब के आगे
सच उनकी बहुत बुरी आदत है सखी

4

मन था भी तो लगता था पराया है सखी
तन को तो समझाती थी कि छाया है सखी

अब माँ जो बनी हूँ तो हुआ है महसूस
मैंने कहीं आज खुद को पाया है सखी

5

नाराज़ अगर हो तो बिगड़ लो मुझ पर
तुम चुप हो तो चैन कैसे आ सकता है

कहती है ये एहसास न छीनो मुझसे
मुझ पर भी कोई ज़ोर चला सकता है

6

वो शाम को घर लौट के आएँगे तो फिर
चाहेंगे कि सब भूल कर उनमें खो जाऊँ

जब उन्हें जागना है मैं भी जागूँ
जब नींद उन्हें आये तो मैं भी सो जाऊँ

7

डाली की तरह चाल लचक उठती है
ख़ुश्बू से हर इक साँस छलक उठती है

जूड़े में जो वो फूल लगा देते हैं
अंदर से मेरी रूह महक उठती है

8

चाल और भी दिल नशीन हो जाती है
फूलों की तरह ज़मीन हो जाती है

चलती हूँ जो साथ साथ उनके तो सखी
ख़ुद चाल मेरी हसीन हो जाती है

9

तू देश के महके हुए आँचल में पली
हर सोच है ख़ुश्बुओं के साँचे में ढली

हाथों को जोड़ने का ये दिलकश अंदाज़
डाली पे कंवल के जिस तरह बंद कली

10

सीने पे पड़ा हुआ ये दोहरा आँचल
आँखों में ये लाज का लहकता काजल

तहज़ीब[1] की तस्वीर हया की देवी
पर सेज पर कितनी शोख़ कितनी चंचल

1. संस्कृति

11

कपड़ों को समेटे हुए उट्ठी है मगर
डरती है कहीं उनको न हो जाए ख़बर

थक कर अभी सोए हैं कहीं जाग न जाएँ
धीरे से उढ़ा रही है उनको चादर

12

कहती है इतना न करो तुम इसरार[1] 1. ज़िद
गिर जाऊँगी खुद अपनी नज़र से इक बार

ऐसी तुम्हें ज़िद है तो इस प्याले में
मेरे लिये सिर्फ़ छोड़ देना इक प्यार

13

हर सुब्ह को गुंचे में बदल जाती है
हर शाम को शम्अ बन के जल जाती है

और रात को जब बन्द हों कमरे के किवाड़
छिटकी हुई चाँदनी में ढल जाती है

14

गाती हुई हाथों में ये सिंगर की मशीन
क़तरों से पसीने के शराबोर जबीन[1] — 1. माथा

मसरूफ़[2] किसी काम में देखूँ जो तुझे — 2. व्यस्त
तू और भी मुझको नज़र आती है हसीन

15

नज़रों से मेरी खुद को बचाले कैसे
खुलते हुए सीने को छुपाले कैसे

आटे में सने हुए हैं दोनों ही हाथ
आँचल जो सँभाले तो सँभाले कैसे

16

हर एक घड़ी शाक़[1] गुज़रती होगी 1. कठिन
सौ तरह के वहम करके मरती होगी

घर जाने की जल्दी तो नहीं मुझको मगर
वो चाय पर इन्तज़ार करती होगी

17

इक बार गले से उनके लग कर रोले
जाने को खड़े हैं उनसे क्या बोले

जज़बात से घुट के रह गयी है आवाज़
किस तरह से आँसुओं के फंदे खोले

18

पानी कभी दे रही है फुलवारी में
कपड़े कभी रख रही है अलमारी में

तू कितनी घरेलू सी नज़र आती है
लिपटी हुई हाथ की धुली सारी में

19

तेरे लिये बेताब हैं अरमाँ कैसे
दर आ मेरे सीने में किसी दिन ऐसे

भगवान कृष्ण की सजी मूरत में
चुपचाप समा गई थी मीरा जैसे

20

आँगन में खिले गुलाब पर जा बैठी
हल्की सी उड़ी थी उनके क़दमों से जो धूल

गोरी थी कि अपने बालों में सजाने के लिये
चुपचाप से जाके तोड़ लाई वही फूल

21

अब तक वही बचने की सिमटने की अदा
हर बार मनाता है मेरा प्यार तुझे

समझा था तुझे जीत चुका हूँ लेकिन
लगता है कि जीतना है हर बार तुझे

22

दर्वाज़े की खोलने उठी है ज़ंजीर··· !
लौटा हूँ कहीं से जब भी पी कर किसी रात

हर बार अँधेरे में लगा है ऐसा
जैसे कोई शम्अ चल रही है मेरे साथ

23

क्यों हाथ जला लाख छुपाए गोरी
सखियों ने तो खोल कर पहेली रख दी

साजन ने जो पल्लू तेरा खेंचा, तू ने
जलते हुए दीपक पे हथेली रख दी

24

चुप रह के हर इक घर की परेशानी को
किस तरह न जाने तू उठा लेती है

फिर आये गये से मुस्कुराकर मिलना
तू कैसे हर इक दर्द छुपा लेती है

25

ज़ज़्बों की गिरह खोल रही हो जैसे
अल्फ़ाज़ में रस घोल रही हो जैसे

अब शेर जो लिखता हूँ तो यूँ लगता है
तुम पास खड़ी बोल रही हो जैसे

26

हर रस्मो-रिवायत[1] को कुचल सकती हूँ
जिस रंग में ढालें मुझे ढल सकती हूँ

उकताने न दूँगी उनको अपने से कभी
उनके लिये सौ रूप बदल सकती हूँ

1. रीत रिवाज

27

रहता है अजब हाल मेरा उनके साथ
लड़ते हुए अपने से गुज़र जाती है रात

कहती हूँ इतना न सताओ मुझ को
डरती हूँ कहीं मान न जायें मेरी बात

28

वो ज़िद पे उतर आते हैं अक्सर औक़ात
हर चीज़ पे वह बहस करेंगे मेरे साथ

हरगिज़ वो न मानेंगे जो मैं चाहूँगी
लेकिन जो मैं चाहूँगी करेंगे वही बात

29

इक रूप नया आप में पाती हूँ सखी
अपने को बदलती नज़र आती हूँ सखी

खुद मुझको मेरे हाथ हसीं लगते हैं
बच्चे का जो पालना हिलाती हूँ सखी

30

जब तुम नहीं होते तो जवानी मेरी
सोते की तरह सूख के रह जाती है

तुम आनके बाँहों में जो ले लेते हो
यौवन की नदी फिर से उबल आती है

31

अच्छी है कभी कभी की दूरी भी सखी
इस तरह मुहब्बत में तड़प आती है

कुछ और भी वो चाहने लगते हैं मुझे
कुछ और भी मेरी प्यास बढ़ जाती है

32

बाहर वो जहाँ भी काम करते होंगे
रहते ही तो होंगे वो झुकाए हुए सर

घर में भी न सर उठायेंगे तो सखी
रह जायेगा उनका दम न सचमुच घुटकर

33

वो बढ़के जो बाँहों में उठा लेते हैं
हो जाता है मालूम नहीं क्या मुझको

ऐसे में न जाने क्यों सखी लगता है
ख़ुद मेरा बदन फूल से हल्का मुझको

34

मैं वो ही करूँ जो वो कहें वो चाहें
मुझ को भी तो इस बात में चैन आता है

मनवा भी लूँ उनसे अपनी मर्ज़ी जो कभी
हफ़्तों को मेरा सुकून मर जाता है

35

वो दूर सफ़र पे जब भी जाएँगे सखी
साड़ी कोई क़ीमती सी ले आयेंगे

चाहूँगी उसे सैंत के रख लूँ लेकिन
पहनूँ न उसी दिन तो बिगड़ जाएँगे

36

जब जाते हो कुछ भूल के आ जाते हो
इस बार मेरी शाल ही कर आये गुम

कहती हैं कि तुम से तो ये डर लगता है
इक रोज़ कहीं ख़ुद को न खो आओ तुम

38

आती है झिझक सी उनके आगे जाते
वो देखते हैं कभी कभी तो ऐसे

घबरा के मैं बाँहों में सिमट जाती हूँ
लगता है कि मैं कुछ नहीं पहने जैसे

37

खुद हिल के वो क्या मजाल पानी पी लें
हर रात बँधा हुआ है ये ही दस्तूर

सिरहाने भी चाहे भर के छागल रख दूँ
सोते से मगर मुझे जगायेंगे ज़रूर

40

देखेंगे और जी में कुढ़ के रह जाएँगे
लहरायेंगे उनके दिल में कितने आँसू

आँचल की भरी खोंप छुपाने के लिये
साड़ी का उड़सती है कमर में पल्लू

39

इक पल को निगाहों से तो ओझल हो जाऊँ
इतनी भी कहाँ सखी इजाज़त है मुझे

आवाज़ पे आवाज़ दिये जाएँगे
साड़ी का बदलना भी मुसीबत है मुझे

फ़िल्मों के गीत

आ जाने वफ़ा आ

कहते हैं किसे प्यार ज़माने को दिखा दे
दुनिया की नज़र इश्क़ के क़दमों पे झुका दे

आ जाने वफ़ा आ

आजा ये मेरा नाज़ उठाना ही पड़ेगा
जब प्यार किया है तो निभाना ही पड़ेगा
आ, दिल के लिये जान की बाज़ी भी लगा दे

आ प्यार के तूफ़ान में लहरा के चला आ
हर क़ैद को हर रस्म को ठुकरा के चला आ
आशिक़ है तो हर चीज़ मुहब्बत पे लुटा दे

दीवाना मुहब्बत का कहीं डर के रुका है
दरबार में शाहों के कहीं इश्क़ झुका है
खुद इश्क़ के दरबार में शाहों को झुका दे

आ जाने वफ़ा आ

(फ़िल्म–अनारकली)

कब तेरे हुस्न से इन्कार किया है मैंने
ज़िन्दगी तुझ से बहुत प्यार किया है मैंने

मुस्कुराती है कभी आँख में काजल बन के
किसी सीने में धड़क उठती है आँचल बन के
कभी फूलों के कटोरों से छलक जाती है
कभी शोले कभी शबनम सी लपक जाती है
कैसे कैसे तेरा दीदार किया है मैंने
ज़िन्दगी…

तू ही इक रंग हर इक शय में नज़र आती है
रौशनी बनके सितारों से उतर आती है
तेरे जादू, तेरी ख़ुश्बू, तेरी मुस्कानों को
तेरे मचले हुए उमड़े हुए तूफ़ानों को
अपनी साँसों में गिरफ़्तार किया है मैंने
ज़िन्दगी…

तुझ को चाहा तो मगर कोई तक़ाज़ा न किया
मैंने भूले से तेरे प्यार को रुसवा न किया
तू बता मैं ने कभी तुझ से चुराई आँखें
तेरे चेहरे से कहाँ मैं ने हटाई आँखें
ख़ुद को कब तेरा गुनहगार किया है मैंने
ज़िन्दगी…

(फ़िल्म–सन्ध्या)

ये दिल और उनकी निगाहों के साए
मुझे घेर लेते हैं बाँहों के साए

पहाड़ों को चंचल किरन चूमती है
हवा हर नदी का बदन चूमती है
यहाँ से वहाँ तक हैं चाहों के साए

लिपटते ये पेड़ों से बादल घनेरे
ये पल पल उजाले ये पल पल अँधेरे
बहुत ठंडे ठंडे हैं राहों के साए

धड़कते हैं दिल कितनी आज़ादियों से
बहुत मिलते-जुलते हैं इन वादियों से
मुहब्बत के रंगीं पनाहों के साए
ये दिल और उनकी निगाहों के साए

(फ़िल्म प्रेम पर्वत)

ग़रीब जान के हम को न तुम मिटा देना
तुम्हीं ने दर्द दिया है तुम्हीं दवा देना

लगी है चोट कलेजे पे उम्र भर के लिये
तरस रहे हैं मुहब्बत में इक नज़र के लिये
नज़र मिला के मुहब्बत से मुस्कुरा देना
तुम्हीं ने दर्द दिया है···

नज़र तुम्हारी मेरे दिल की बात कहती है
तुम्हारी याद तो दिन रात साथ रहती है
तुम्हारी याद को मुश्किल है अब भुला देना
तुम्हीं ने दर्द दिया है···

मिलेगा क्या जो ये दुनिया हमें सताएगी
तुम्हारे बिन तो हमें मौत भी न आएगी
किसी के प्यार को आसाँ नहीं मिटा देना
तुम्हीं ने दर्द दिया है···

(फ़िल्म–छूमन्तर)

तुम महकती जवाँ चाँदनी हो
चलती फिरती कोई रौशनी हो

वक़्त भी, हुस्न भी रागनी भी
जो भी सोचूँ, तुम्हें तुम वही हो

नर्म आँचल से ये छनती खुश्बू
मेरे हर ख़्वाब पर छा गई है
जब भी तुम पर निगाहें पड़ी हैं
दिल में इक प्यास लहरा गई है
तुम तो सचमुच छलकती नदी हो

जब से देखा है चाहा है तुमको
ये फ़साना चला है यहीं से
कब तलक दिल भटकता रहेगा
माँग लूँ आज तुम को तुम्हीं से
तुम कि खुद प्यार हो ज़िन्दगी हो
जो भी सोचूँ...

(फ़िल्म—प्यासे दिल)

बेकसी हद से जब गुज़र जाए
कोई ऐ दिल जिये कि मर जाए

ज़िन्दगी से कहो दुल्हन बनकर
आज तो दो घड़ी सँवर जाए

उनको जी भरके देख लेने दे
दिल की धड़कन ज़रा ठहर जाए

हम हैं खुद अपनी जान के दुश्मन
क्यों ये इल्ज़ाम उन के सर जाए

मेरे नग़मों से उनका दिल न दुखे
ग़म नहीं मुझ पे जो गुज़र जाए

(फ़िल्म—कल्पना)

बेमुरव्वत, बेवफ़ा, बेगान-ए-दिल आप हैं
आप मानें या न मानें मेरे क़ातिल आप हैं

आप से शिकवा है मुझ को ग़ैर से शिकवा नहीं
जानती हूँ दिल में रख लेने के क़ाबिल आप हैं

साँस लेती हूँ तो ये महसूस होता है मुझे
जैसे मेरे दिल की हर धड़कन में शामिल आप हैं

ग़म नहीं जो लाख तूफ़ानों से टकराना पड़े
मैं वो कश्ती हूँ कि जिस कश्ती का साहिल आप हैं

(फ़िल्म–सुशीला)

धरती हँसती रे
छलके मस्ती रे
रंग हँसे रूप हँसे
कली कली पे धूप हँसे
हर बार मैं हँसती रे

धरती ओ अम्बर के द्वार
यौवन हँसता बारम्बार
सूरज पिघले अँगना बीच
चन्दा बरसे बन के प्यार
हँसते गाते मौसम छायें
बस्ती बस्ती रे

कुँवारी आँचल को ढलकाए
बालक जैसी हँसती जाए
दुनिया रोके टोके लाख
छनके चूड़ी कंगना गाए
पाँव में बजती पागल पायल
दिल को डसती रे

हँस कर जी ले ओ नादान
हँसना जीने की पहचान
ऐसा लगता चारों ओर
खुद भी हँसता है भगवान

दिल की ख़ुशियाँ जितनी महँगी
उतनी सस्ती रे...
मैं भी हँसती रे

(फ़िल्म–आईना)

झूठी तसल्लियों की ज़रूरत नहीं रही
कह दो किसी के प्यार की फुरसत नहीं रही

ये भी नहीं कि मैं तुम्हें इल्ज़ाम दे सकूँ
ये भी नहीं कि तुम से शिकायत नहीं मुझे

मैं भी तुम्हारी याद को दिल से भूला तो दूँ
पर क्या करूँ कि दिल की इजाज़त नहीं मुझे

●●●